BEI GRIN MACHT SICH IHR
WISSEN BEZAHLT

AF141656

- Wir veröffentlichen Ihre Hausarbeit,
  Bachelor- und Masterarbeit

- Ihr eigenes eBook und Buch -
  weltweit in allen wichtigen Shops

- Verdienen Sie an jedem Verkauf

Jetzt bei www.GRIN.com hochladen
und kostenlos publizieren

Anja Schumacher Antonijevic

Ursachen von Frauenarmut

GRIN Verlag

Bibliografische Information der Deutschen Nationalbibliothek:

Die Deutsche Bibliothek verzeichnet diese Publikation in der Deutschen National-bibliografie; detaillierte bibliografische Daten sind im Internet über http://dnb.d-nb.de/ abrufbar.

Impressum:

Copyright © 2006 GRIN Verlag GmbH
Druck und Bindung: Books on Demand GmbH, Norderstedt Germany
ISBN: 978-3-638-93197-7

Dieses Buch bei GRIN:

http://www.grin.com/de/e-book/49514/ursachen-von-frauenarmut

GRIN - Your knowledge has value

Der GRIN Verlag publiziert seit 1998 wissenschaftliche Arbeiten von Studenten, Hochschullehrern und anderen Akademikern als eBook und gedrucktes Buch. Die Verlagswebsite www.grin.com ist die ideale Plattform zur Veröffentlichung von Hausarbeiten, Abschlussarbeiten, wissenschaftlichen Aufsätzen, Dissertationen und Fachbüchern.

Besuchen Sie uns im Internet:

http://www.grin.com/

http://www.facebook.com/grincom

http://www.twitter.com/grin_com

Evangelische Fachhochschule Hannover

Die Ursachen weiblicher Armut

Referat im
Lernbereich 1, Seminar 1.1.5.

5. Semester / Hauptstudium

Abgabe am 19.Januar 2006

Gliederung

1.   Einleitung   S.3
2.   Industrialisierung - 1.Weltkrieg   S.4
2.1.   Gründe für Frauenarmut   S.4
2.2.   Die Versorgungsehe   S.5
2.3.   Der weibliche Arbeitsmarkt   S.5
2.4.   Entrechtung von Frauen   S.6
2.5.   Folgen der Armut   S.6
2.5.1. Obdachlosigkeit   S.6
2.5.2. Säuglings- und Müttersterblichkeit   S.7
3.   Der 1.Weltkrieg 1914–1918   S.7
3.1.   Die Versorgungsehe   S.8
3.2.   Der weibliche Arbeitsmarkt   S.8
3.3.   Mutterschutz   S.8
4.   Weimarer Republik   S.9
4.1.   Frauenarbeitsmarkt   S.9
4.2.   Fehlende Alterssicherung   S.10
5.   Nationalsozialismus   S.10
5.1.   Der weibliche Arbeitsmarkt   S.11
5.2.   Nationalsozialistische Frauenideologie   S.11
5.3.   Entrechtung von Frauen   S.12
6.   Nachkriegszeit   S.12
6.1.   Der weibliche Arbeitsmarkt   S.13
6.2.   Ungleichbehandlung von Frauen   S.13
7.   Wirtschaftswunder   S.14
8.   Ab 1970   S.15
8.1.   Verbesserungen   S.15
8.2.   Benachteiligungen   S.15
9.   Fazit   S.16
10.   Literaturverzeichnis   S.18
11.   Anhang   S.19

1.Einleitung

In Anlehnung an das Seminar „Armut in Hannover" beschäftige ich mich in diesem Referat mit den Ursachen weiblicher Armut. Ich arbeite einen historischen Vergleich und Überblick heraus, um speziell Frauenarmut zu fokussieren.

Ich möchte herausfinden, wie und wodurch Frauenarmut entstanden ist, wie sie sich entwickelt hat und inwiefern sich diese Entwicklung auf die heutige Situation auswirkt.

Dabei beginne ich in der Zeit der Industrialisierung, weil in dieser Epoche einschneidende gesellschaftliche Veränderungen stattfanden, die auch die Situation von Frauen in besonderem Maße beeinflussten. Die Bearbeitung weiter zurückliegender Epochen würde den Rahmen dieses Referates sprengen.

Danach bearbeite ich die Zeit des 1.Weltkrieges, bis hin zur Weimarer Republik, um die Veränderungen in dieser Zeit aufzuzeigen.

Es folgt die Zeit des Nationalsozialismus, dort möchte ich darstellen, in welcher Weise alle Errungenschaften der vorangegangenen Epochen wieder abgebaut wurden und weshalb Frauenarmut dadurch wieder stärker strukturell ermöglicht wurde. Abschließend widme ich mich der Nachkriegszeit bis hin in die 70er Jahre, um die Verbesserungen und Benachteiligungen darzustellen.

Ich beende die Arbeit mit einem Fazit, in dem ich die eingangs gestellten Fragen beantworte.

Im Anhang präsentiere ich eine Tabelle, die den Unterschied zwischen den Geschlechtern anhand einer Rententabelle dokumentiert.

2. Industrialisierung - 1.Weltkrieg

Zwischen 1810 und 1840 hatte die Verdoppelung der deutschen Bevölkerung zu Landflucht, Besitz- und Arbeitslosigkeit geführt. Die Industrialisierung verursachte weitere Arbeitslosigkeit, Niedrigstlöhne und unmenschliche Arbeitsbedingungen. Wochenarbeits-zeiten von 70 - 80 Stunden waren normal, Minimallöhne machten eine Mitarbeit von Frauen und Kindern nötig. Arbeitsschutz fehlte und führte häufig zu Unfällen, unhygienische Arbeitsbedingungen und Überforderung förderten schwere Erkrankungen bis hin zum Tod. Traditionelle Fürsorgestrukturen und Armenpflege waren überfordert, zumal durch Koalitionsverbot und Sozialistengesetze, Selbsthilfe und Arbeitskampf des Proletariats verhindert wurde. Ab 1883 wurden erstmals Sozialversicherungen geschaffen, die nur eine Elite der Arbeiterklasse schützte. Frauen und Angehörige waren davon ausgeschlossen und armenpflegeabhängig. Erhalt von Armenpflege war altersabhängig, hatte keine rechtliche Grundlage und war an die Anmeldung in einem Ortsarmenverband gebunden. Das System bot keine Chance, der Armut zu entwachsen, sondern verschärfte den Zustand durch Entrechtung, Ausbeutung und Diskriminierung. (vgl. Köppen, S.13)

„Eine Frau, welche in Folge Trunksucht ihres Mannes mittellos bettelt, um ihre unmündigen Kinder zu ernähren, hierbei mehrfach betroffen und demgemäss bestraft wird, wird schließlich auf längere Zeit ins Armenhaus gebracht, während ihre Kinder der öffentlichen Fürsorge oder privaten Mildtätigkeit anheimfallen." (zit. Soziale Praxis, 1895/96, in Köppen, S.9) Der 1890, aus öffentlicher Armenpflege und privater Wohlfahrt, gewachsene Deutsche Verein für Armenpflege und Wohltätigkeit ignorierte Frauenarmut und legte Schwerpunkte u.a. auf Zwangsmaßnahmen gegen Arbeitsfähige, Landstreicherei, Trunksucht oder die Zweckmäßigkeit der Kolonien für Arbeitslose. (vgl. Köppen, S.16) Erst ab 1897 wurden Frauenbelange thematisiert:

1897 Fürsorge für Wöchnerinnen, 1899 Kranken- und Hauspflege auf dem Lande, 1901 Hauspflege, 1898 Zufluchtstätten für weibliche Personen, 1903 Volks- und Krankenküchen, 1905 Bekämpfung der Säuglingssterblichkeit, 1908 Mutterschutz (vgl. Köppen, S.18).

Die Ignoranz gegenüber weiblicher Armut resultierte u.a. aus der männlichen Dominanz innerhalb des Deutschen Vereins, bis 1908 durften auf den Versammlungen nur zwei weibliche Rednerinnen ihre Anliegen vortragen. (vgl. Köppen, S.19)

2.1.Gründe für Frauenarmut

1886 lag der weibliche Anteil von dauerhaft unterstützten Personen durch die Armenpflege bei 76,71%,während bei den vorrübergehend Unterstützten nur 37,49% weiblich waren. (vgl. Köppen, S.21) Im Gegensatz zur männlichen Bevölkerung mussten meistens ältere Frauen unterstützt werden. 93,66% der unterstützten Frauen waren alleinstehend, insgesamt

- 61,63% aller unterstützten Frauen waren Witwen
- 22,95% aller unterstützten Frauen waren ledig
- 4,77% aller unterstützten Frauen waren eheverlassen
- 2,82% aller unterstützten Frauen waren getrennt lebend
- 1,49% aller unterstützten Frauen waren geschieden (vgl. Köppen, S.22)

Ohne Versorgungsehe waren Frauen von extremer Armut bedroht. Das Rechtssystem und mangelnde Sicherung verschärften die Situation.

2.2. Die Versorgungsehe

Die Ehe war für Frauen fast immer die einzige Existenzgrundlage. Frauenlöhne waren minimal, Frauen wurden bevorzugt als Hilfskräfte eingesetzt, Ausbildungen oder Studium wurden verboten oder als unwichtig erachtet und politisches Engagement wurde per Gesetz verhindert. Die männlich beherrschte Gesellschaft hatte Frauen fast jede Möglichkeit zur Teilhabe und Selbstbestimmung entzogen, übernahm aber keine Verantwortung, wenn ein Ehemann seine Frau verließ oder starb. Als erste Sicherung entstanden 1897 Witwenrenten (1897 Reichsbeamtenwitwenrente,1911 Angestelltenwitwenrente,1912 Arbeiterwitwen-rente), die aber nur bei Invalidität ab 70 Jahren gezahlt wurde. (vgl. Köppen, S.26/27) Witwenrenten betrugen pro Tag 23-28 Pfennig, Armenfürsorge ca. 65 Pfennig pro Tag. Witwen mit sechs oder zehn Kindern erhielten nur Unterstützung zur Höchstgrenze bis fünf Kinder.(vgl. Schwerin, 1894, S.87 in Köppen, S.26) Kinder wurden daher oft abgelehnt und als Belastung gesehen: *„Ich bin wirklich zum Unglück geboren. Während andere gar keine Kinder haben, oder gleich wieder durch den Tod von ihnen befreit werden, bin ich dazu verdammt, das Menschenmöglichste in Kummer und Sorgen zu ertragen..."* (zit. Deutsche Arbeiterfrau in Salomon, 2000, S.76) Die Selbstmordrate von Witwen war doppelt so hoch wie die verheirateter Frauen. Noch schwieriger war die Situation für ledige Mütter, die bei Schwangerschaft, Arbeitsstelle und Wohnraum verloren, weshalb viele als „gefallene Mädchen" im Armenhaus landeten. Väter unehelicher Kinder galten nach dem Gesetz weiterhin als kinderlos und mussten keinerlei Unterhalt zahlen. Uneheliche Kinder waren nicht erbberechtigt.

2.3. Der weibliche Arbeitsmarkt

Die geschlechtsspezifische Arbeitsteilung, die Frauen der unbezahlten, reproduktiven Hausarbeit zuordnete war auch in Lohnpolitik und in Gesetzgebung verankert. Frauen wurden grundsätzlich als „Zuverdienerinnen" betrachtet, die den Männerlohn lediglich ergänzten. Sie erhielten für gleiche Arbeit die Hälfte oder ein Drittel des Männerlohnes. Alleinstehende wurde von dieser Regelung nicht ausgenommen, obwohl 1895 78,5% aller arbeitenden Frauen alleinstehend und oft auch Familienernährerinnen waren. (vgl. Köppen, S.50/51) Durch diese Vorgehensweise wurde männliche Dominanz gesichert und dem Arbeitsmarkt eine billige und flexibel einsetzbare „Reservearmee" verschafft, die nach Bedarf eingesetzt oder entlassen werden konnte. Da grundsätzlich davon ausgegangen wurde, dass Frauen heiraten würden, erhielten sie nur in den seltensten Fällen eine Ausbildung in frauenspezifischen, unterbezahlten Berufen, die als Vorbereitung auf die

Ehe angesehen wurden. Sie wurden primär als Hilfsarbeiterinnen oder angelernte Kräfte eingesetzt (1895):

- 45,16% aller arbeitenden Frauen waren in der Landwirtschaft beschäftigt
- 24,82% aller arbeitenden Frauen waren häusliche Dienstboten
- 18,7% aller arbeitenden Frauen waren in der Industrie beschäftigt
- 6,9% aller arbeitenden Frauen waren im Handel beschäftigt
- 4,42% aller arbeitenden Frauen übten verschiedene Lohnarbeit aus

Landarbeiterinnen und Dienstboten hatten kein Recht auf Rentenversicherung, Frauen wurden in der Versicherung weder erfasst noch berücksichtigt. (vgl. Köppen, S.53)

2.4.Entrechtung von Frauen

Durch fast vollständige Entrechtung war es Frauen unmöglich, ihre Situation zu verändern. Berufliche Perspektiven bestanden selten, da die meisten Berufe für Frauen geschlossen waren und ein Frauenstudium verboten war. Politisches Engagement und politische Teilhabe waren unmöglich, da Frauen kein Wahlrecht besaßen und u.a. durch das preußische Vereinsgesetz an ein Versammlungsverbot gebunden waren. Im privaten Bereich hatten Ehemänner Verfügungsgewalt über das Familieneinkommen, ein Recht auf Erfüllung ehelicher Pflichten, ein Züchtigungsrecht usw.(vgl. Salomon, 2000, S.72)

2.5.Folgen der Armut

2.5.1.Obdachlosigkeit

Durch niedrige Frauenlöhne, hohe Kinderzahl und Mietwucher waren speziell Frauen von Obdachlosigkeit bedroht. (vgl. Köppen, S.29) Die großen Städte waren überfüllt und Familien in engsten Wohnverhältnissen mussten Schlafgänger aufnehmen, um zusätzliches Einkommen zu schaffen. (Berlin 1872: 67.000 Schlafgänger) So schliefen oft eine ganze Familie und ein Fremder in einem Zimmer, wobei sich mehrere Menschen im Wechsel ein Bett teilten, denn der Schlafrhythmus wurde den Arbeitsschichten angepasst. 1872 hatte Berlin 60.000 überbevölkerte Wohnungen:

„Amtlicherweise wurde ein Zimmer nur dann als überfüllt angesehen ‚wenn für 6 oder mehr Personen nur ein heizbares Zimmer bzw. für 11 oder mehr Personen 2 heizbare Zimmer vorhanden waren."(zit. Tennstedt/ Sachße, S.459)

Trotzdem waren Frauen in der Regel nur kurzfristig obdachlos, da viele sich aus ihrer Not heraus prostituierten. Das wird in historischen Berliner Gerichtsurteilen (1894) deutlich, wonach wegen Bettelei 8622 Männer und 130 Frauen, wegen Obdachlosigkeit 2771 Männer und 151 Frauen, aber wegen Sittendelikten 12.559 Frauen, jedoch keine Männer verurteilt wurden.(vgl. Köppen, S.31/32) Andere Frauen suchten zeitlich begrenzte Aufnahme in Asylen oder gingen auf Wanderschaft, wo sie geringste Löhne erhielten, oft sexuell ausgebeutet und mangels Wohnsitz nicht von der Armenpflege versorgt wurden.

2.5.2.Säuglings- und Müttersterblichkeit

Schwangere und Wöchnerinnen erhielten kaum Unterstützung, was sich an der hohen Säuglingssterblichkeit von 34% in Arbeitervierteln zeigte. In Villenvierteln betrug die Sterblichkeitsrate von Babys nur 1-2%. (vgl. Salomon, S.9 in Köppen, S.41) 1903 starben im Deutschen Reich 1.170.905 Säuglinge (ohne Totgeburten) bereits im ersten Lebensjahr (vgl. Soziale Praxis, 1904/05, Sp.895 in Köppen, S.41) Seit 1878 hatten Berufstätige 21 Tage nach der Geburt einen Mutterschutzanspruch ohne Lohnfortzahlung, der nur selten in Anspruch genommen wurde, um Verdienst und Arbeitsplatz zu sichern. (vgl. Köppen, S.41) Viele Frauen verstarben im Kindbett oder weil sie den übergangslosen Wiedereintritt in den Arbeitsalltag körperlich nicht verkraften konnten. Ein hoher Anteil von Frauen starb bei illegalen Abtreibungen, da ein Abbruch auch bei Gefährdung der Mutter strengstens verboten war. Erst kurz vor dem 1. Weltkrieg initiierten Ärzte aufgrund dieser Situation eine Verhütungskampagne.(vgl. Köppen,S.41/42)

Frauenarmut entstand durch geschlechtliche Diskriminierung, Rechtlosigkeit, Bindung an Versorgungsehe, Nichtanerkennung der Reproduktionsarbeit, hohe Kinderzahl, Niedriglöhne, fehlende Sicherung usw. Von Frauenarmut waren Kinder in gleichem Umfang betroffen, wodurch in Armut ständig neu produziert wurde. Gemessen an der Gesamtbevölkerung waren alleinstehende und alte Frauen am stärksten von Armut betroffen.

3. Der 1.Weltkrieg 1914–1918

Weil Armut ein Massenproblem geworden war und das Deutsche Reich unter dem Druck stand, den Krieg zu organisieren, wurden bereits kurz vor dem 1.Weltkrieg sozialpolitische Konsequenzen gezogen und bei Kriegsbeginn die Kriegsfürsorge eingerichtet. Sie verbesserte die Situation geringfügig. Es wurden erstmalig Rechtsgrundlagen geschaffen wodurch Unterstützte nicht mehr als „Parasiten" betrachtet wurden. Die Unterstützung musste nicht zurückerstattet werden. Der Unterstützungswohnsitz verlor an Bedeutung, weshalb keine Ab- oder Ausweisungen aus Orten und Städten mehr möglich waren.(vgl. Köppen, S.57)

3.1. Die Versorgungsehe

Die Kriegsfürsorge unterstützte Ehefrauen, Kinder, Eltern und Geschwister eines Einberufenen. Geschiedene Frauen und uneheliche Kinder waren ausgeschlossen, erst 1917 wurde die Unterstützung auf unschuldig geschiedene Frauen und uneheliche Kinder erweitert. (vgl. Köppen, S.60) Soldatenehefrauen erhielten 1913 neun (Sommermonate) bzw. zwölf Mark (Wintermonate) monatlich, Kinder sechs Mark monatlich (z. Vgl. gelernte Arbeiter erhielten ca. 100 Mark Monatslohn). Weiterhin wurde materielle Unterstützung und Schutz vor Wohnungskündigung und Zwangsvollstreckung gewährt. Die weibliche Lebenslage stand und fiel jedoch mit der Situation des Ehemannes. Sowie der Mann im Feld starb, verfielen alle Privilegien und es drohte Obdachlosigkeit und Verschuldung.

Kriegerwitwenrente wurde nur gewährt, wenn 100 Wochen in die Versicherungskasse eingezahlt worden war. In Folge standen etliche Frauen völlig mittellos dar, was auch in der Öffentlichkeit kritisch diskutiert wurde. Daher erhielten Kriegerwitwen ab 1914 eine einmalige Leistung von 50 Mark beim Tod des Ehemannes.(vgl. Köppen, S.62) Kriegerwitwen, die ein Anrecht auf Rente erworben hatten, erhielten diese erst mit 65 Jahren aber nur, wenn sie selbst invalide und arbeitsunfähig waren. (vgl. Köppen, S.64) Ledige Frauen waren weiterhin auf die Armenpflege angewiesen.

3.2. Der weibliche Arbeitsmarkt

Bei Kriegsbeginn entstand hohe Frauenarbeitslosigkeit, da weibliche Gewerbe, wie Konfektionsindustrie und Dienstbotentätigkeit reduziert wurden. Da Frauen aber nach und nach ersatzweise Männerberufe besetzten, sank die Frauenarbeitslosigkeit. Arbeiterinnen erhielten weiterhin nur ein Drittel oder die Hälfte eines Männerlohnes und verloren kriegsbedingt die Arbeitsschutzbedingungen für Frauen. Nacht- und Sonntagsarbeit, sowie Wochenarbeitszeit bis zu 60 Stunden waren Normalität, wobei weiterhin Haushalt und Kinder versorgt werden mussten. Folgen waren Überarbeitung, Unterernährung, wachsende Unfallhäufigkeit und hohe Frauenkriminalität in Vermögensdelikten.(vgl. Köppen, S.67/68)

3.3. Mutterschutz

Im Krieg verbesserte sich die Wochenhilfe für verheiratete Frauen. Ihnen stand Hilfe durch Ärzte oder Hebammen zu, außerdem erhielten sie ein Tagesgeld in Höhe von 1 Mark (für 6 Wochen), sowie ein Stillgeld von 50 Pfennig (für 12 Wochen). Ledige waren davon ausgeschlossen und unterstanden weiter der Armenpflege. Während des Krieges wurde die

Säuglingsfürsorge und Mütterberatung ausgebaut, was zu einer leichten Senkung der Säuglingssterblichkeit führte. (vgl. Köppen, S.65/66)

Frauenarmut entstand weiterhin durch geschlechtliche Diskriminierung, Rechtlosigkeit, Bindung an Versorgungsehe, Nichtanerkennung der Reproduktionsarbeit, hohe Kinderzahl, Niedriglöhne, fehlende Sicherung usw. Alleinstehende und alte Frauen waren am stärksten betroffen.

4. Weimarer Republik

Als Folge des verlorenen ersten Weltkrieges und dem Verlust der Monarchie wurde 1919 das Deutsche Reich zu einer parlamentarischen Republik. Auf sozialpolitischer Ebene traten einschneidende Veränderungen ein. Es gab erstmals soziale Rechte mit Verfassungsrang, Frauen erhielten Wahlrecht und die Gleichberechtigung beider Geschlechter wurde rechtlich verankert. Allerdings litt die Republik von Anfang an unter ungünstigen Bedingungen, die Nachkriegszeit wurde von den Kriegsfolgen, der Inflation, Arbeitslosigkeit und politischen Krisen geprägt. Nur zwischen 1924 und 1929,den „goldenen 20er Jahren" wurde eine gewisse Stabilität erreicht. Die Weltwirtschaftskrise verursachte Massenarbeitslosigkeit, Wohnraummangel und Verelendung.

4.1.Frauenarbeitsmarkt

Durch die 1919 angeordnete Demobilmachungsverordnung verloren zuerst verheiratete Frauen ihre Arbeitsplätze, die dann den Kriegsheimkehrern zur Verfügung gestellt wurden. Später wurden auch alleinstehende, unversorgte Frauen zugunsten der rückkehrenden Soldaten entlassen. Frauen, deren Männer aus dem Krieg zurückgekehrt waren, stand keine Erwerbslosenunterstützung zu. (vgl. Gerhard, S.47) Trotz hoher Männerarbeitslosigkeit stieg der Anteil arbeitender Frauen, weil sie bereit waren, für geringere Löhne zu arbeiten. In Folge wurden Kampagnen gegen Frauenarbeit gestartet, das Wort „Doppelverdiener" wurde zum Schimpfwort. Frauen sollten sich wieder auf das Ernährerprinzip beziehen und sich der Hausarbeit widmen. Eine staatliche Maßnahme gegen Frauenarbeit war die Sonder-regelung für Beamtinnen, das „Beamtinnenzölibat". Bei Heirat oder Geburt eines unehelichen Kindes wurden Beamtinnen sofort entlassen.

Engagierte Frauen, wie Alice Salomon oder Marie Juchacz gründeten Frauenschulen und schufen Arbeitsplätze, verstärkten jedoch gleichzeitig den geschlechtsspezifischen

Arbeitsmarkt. Ausbildungsplätze für Frauen gewannen an Bedeutung, Frauenstudium erhöhte sich und Frauen drangen vereinzelt in männliche Domänen ein.

4.2.Fehlende Alterssicherung

Frauen litten unter extremer Altersarmut, da erst 1927 Witwenrente ab 65 Jahren eingeführt wurde, auch wenn keine Invalidität vorlag. Viele Rentenempfängerinnen waren gleichzeitig FürsorgeempfängerInnen, insgesamt 76% aller Sozialrentner waren weiblich. Trotz verbürgter Gleichberechtigung waren Fürsorgeleistungen für Frauen weiterhin geringer, als Leistungen für Männer. Erste Sozialkürzungen während der Weltwirtschaftskrise trafen alte Frauen, 1931 wurde zuerst die Kürzung der Witwenrenten vorgenommen. (vgl. Köppen, S.88) Durch die geringen Frauenlöhne wurde in dieser Zeit die nächste Generation der Altersarmen geschaffen, Ersparnisse waren nicht möglich und die Rentenansprüche orientierten sich am Verdienst.

Armut traf Anfang der 30er Jahre Frauen wie Männer, die Wirtschaftskrise erschütterte das Ernährerprinzip, auch verheiratete Frauen waren nicht mehr geschützt. (vgl. Köppen, S.97) Schlussendlich war die Gesamtheit der Probleme in dieser Zeit, eine zu große Belastung für das soziale System und Verarmung konnte jeden treffen. Die Menschen mussten jede Chance eines kleinen Verdiensts ergreifen, um dem gefürchteten sozialen Abstieg und der Obdachlosigkeit zu entgehen. Viele flüchteten aus ihrer unerträglichen Situation, indem sie Selbstmord begangen. Andere überlebten durch Heimarbeit, Hausieren, Tauschhandel oder als Straßenmusikanten. Viele Frauen mussten sich prostituieren, um ihren Familien das Überleben zu sichern. Alte und alleinstehende Frauen waren weiterhin am stärksten betroffen.

5. Nationalsozialismus

Im Januar 1933 wurde Adolf Hitler zum Reichskanzler berufen und bereits zwei Monate später wurde vom Reichstag das Ermächtigungsgesetz verabschiedet, welches Hitler die Möglichkeit gab, ohne Zustimmung von Reichstag und Reichsrat, sowie ohne Gegenzeichnung des Reichspräsidenten, Gesetze zu erlassen. Damit entmachtete der Reichstag sich selber und leitete die Herrschaft des Nationalsozialismus ein. Armut im Nationalsozialismus kann heute kaum belegbar werden, da ein Teil der Armutsbevölkerung bereits im Herbst 1933 während sogenannter „Bettler-Wochen" bestraft, verhaftet und eingesperrt wurde. (vgl. Köppen, S.104) Betroffen waren Landstreicher, Bettler,

Obdachlose, Arbeitsdienstverweigerer, Prostituierte und Asoziale. Als weibliche Asoziale galten besonders Frauen mit vielen Kindern von verschiedenen Vätern, die allein aufgrund dieser Tatsache in Arbeitslager, Konzentrationslager oder Gefängnisse gesperrt wurden, wo sie zwangssterilisiert wurden. Dadurch sollte ein Teil der Armut, die sogenannte selbst verschuldete Armut, ausgerottet werden. FürsorgerInnen erhielten die Aufgabe, „die »wertvollen« Teile des Volkes zu pflegen und die »Minderwertigen« den Sterilisations- behörden, in die Arbeitslager oder Konzentrationslager auszuliefern." (vgl. Köppen, S.107)

5.1. Der weibliche Arbeitsmarkt

Ein 1933 eingeführtes Gesetz zur Verminderung der Arbeitslosigkeit, verwies Frauen zurück in die Familie und regelte die Entlassung sowohl lediger wie auch verheirateter Frauen im staatlichen Dienst. An Universitäten wurde eine Frauenquote eingeführt, danach durften nur noch 10% aller Studenten weiblich sein. (vgl. Jurczyk, S.52) Erwerbslos gemeldete Frauen wurden mit Niedrigstlohn in der Landwirtschaft eingesetzt. Nach nationalsozialistischer Ideologie bestand die weibliche Bestimmung in Mutterschaft und Ehe. Frauen sollten hier ihre Erfüllung finden und alle anderen Tätigkeiten den Männern überlassen.

5.2. Nationalsozialistische Frauenideologie

„Den ersten, besten und ihr gemäßesten Platz hat die Frau in der Familie, und die wunderbarste Aufgabe, die sie erfüllen kann, ist die, ihrem Land und Volk Kinder zu schenken." (zit. Goebbels,1933, in Köppen, S.109) Frauenrechte wurden nach und nach abgebaut und die Frauenbewegung wurde aufgelöst. Um diese Entrechtung der weiblichen Bevölkerung verkaufen zu können, wurde ab 1933 ein Ehestandsdarlehen eingeführt. Dieses Darlehen wurde nur arischen Paaren gewährt, wenn die Ehefrau ihre Berufstätigkeit aufgab. Außerdem wurden Kindergeld und Steuervergünstigen für Eltern eingeführt, ab 5 Kindern entstand Steuerfreiheit.

Diese Verordnungen dienten einerseits dazu, die Ideologie der Nationalsozialisten zu manifestieren und die Geburtenrate zu steigern, anderseits den Arbeitsmarkt für Männer zu stabilisieren und damit die Arbeitslosigkeit zu reduzieren.

Als ab 1935 erneut Arbeitskräfte benötigt wurden, wurde es nicht als widersprüchlich betrachtet, erneut, Frauen auf Billigarbeitsplätzen und bei der Arbeitspflicht einzusetzen.

5.3.Entrechtung von Frauen

Im Dritten Reich wurde Frauen schrittweise entrechtet und diskriminiert:

- „Desqualifizierung", Frauen wurden aus führenden Positionen und aus dem Staatsdienst entlassen. Nach der Entlassung und Meldung beim Arbeitsamt wurden sie in unterbezahlten, leitungsfernen Positionen, vorzugsweise in der Landwirtschaft eingesetzt.
- Verbot, landwirtschaftliche Arbeit zugunsten anderer Arbeit aufzugeben.
- Einschränkung auf zehnprozentige Frauenquote an Universitäten
- Schwerpunkt Versorgungsehe, nach Verlust des Versorgers Fürsorgefall
- Auflösung der Frauenbewegung
- Gezielte Schaffung geschlechtsspezifischer Arbeitsplätze
- Grundsätzlich niedrige Entlöhnung
- Unterwerfung und Nutzung der weiblichen Gebärfähigkeit

Da „arische" Mütter vielfältige Vergünstigungen erhielten und sogenannte „asoziale" Familien eingesperrt oder getötet wurden verblieben nur Kriegsbeschädigte, Kriegshinterbliebene, SozialrentnerInnen, und KleinrentnerInnen in der Fürsorge. Altersarmut von Frauen war weiterhin vorprogrammiert, da als Folge der Billiglöhne Rentenansprüche auf niedrigstem Niveau blieben. Der Großteil von Fürsorgeempfängern waren alte Frauen, da im Rentensystem für Frauen keine Veränderung stattgefunden hatte.

6. Nachkriegszeit

Nach dem 2.Weltkrieg glich Deutschland einem Trümmerhaufen. Ein Großteil des Wohnraums war zerstört, ein Viertel der Fläche Deutschlands war abgetreten worden, die Wirtschaft wurde demontiert und zusätzlich strömten Flüchtlinge und Vertriebene ins Land. Der Hauptteil der Bevölkerung bestand aus Witwen, Waisen und Kriegsbeschädigten. Die Alliierten verschärften die wirtschaftliche und politische Situation,da keine Einigung für die Zukunft Deutschlands gefunden werden konnte. Aus Furcht vor Stalins Expansionspolitik entschloss man sich 1947 für eine Aufhebung der wirtschaftlichen Einschränkungen und für eine Neuorientierung der Deutschlandpolitik. Dem folgte 1948 die Währungsreform, 1949 das Grundgesetz und erste freie Wahlen. Das Grundgesetz orientierte sich eng an Vorgaben aus der Weimarer Republik.

6.1.Der weibliche Arbeitsmarkt

Männer wie Frauen waren gleichermaßen von der Armutssituation betroffen, wobei Frauen zusätzlich mit der Versorgung ihrer Kinder belastet waren. Da viele Männer gefallen oder gefangen waren, fielen Frauen die Aufgaben des Wiederaufbaus (Trümmerfrauen), der Berufstätigkeit und der Familienarbeit zu. Durch wirtschaftliche Sanktionen sank die Erwerbstätigkeit beider Geschlechter bis 1950. Mangels Arbeitsplätze wurde jede Tätigkeit angenommen, der Schwarzmarkt blühte und wiederum mussten sich viele Frauen prostituieren. Bei der Neuschaffung von Arbeitsplätzen und bei der Besetzung höherer Positionen, sowie politischer Ämter, wurden Männer bevorzugt, Frauen hingegen wieder für Hilfsarbeiten eingesetzt: „ ... *Die Frauen blieben von dieser Arbeit zunächst ausgeschaltet, weil der Parteiaufbau Sache der Männer bleiben sollte. Bald nach der Genehmigung konnte in Verbindung mit der Militärregierung erreicht werden, dass die Frauen einbezogen wurden. Zunächst nur als Mitglieder der Partei und nicht in Frauengruppen. Die Arbeit zwang uns aber bald dazu, die Frauen zu besonderen Aufgaben abzusondern. Das geschah zunächst zum Aufbau der Arbeiterwohlfahrt.* " (zit. Eifert,S.172)

6.2.Ungleichbehandlung von Frauen

Durch garantierte Gleichberechtigung der Geschlechter und eines gesetzlich verankerten Anspruchs von Müttern auf Schutz und Fürsorge durch die Gemeinschaft, verbesserte sich der rechtliche Status von Frauen, der in der Realität jedoch nur in geringem Maße umgesetzt wurde. Frauen erhielten weiterhin niedrige Löhne und Ehemänner hatten nach § 1358 BGB jederzeit die Möglichkeit, den Arbeitsplatz ihrer Frauen zu kündigen. Obwohl Sozialversicherungen familienfreundlicher gestaltet wurden und auch abgeleitete Ansprüche für die Familie erlaubten, erhielten Rentnerinnen weiterhin geringere Anteile als Männer. Dabei sicherten die gesellschaftlichen Strukturen nur Männern eine kontinuierliche Erwerbsarbeit und höhere Bezahlung.

Aus materiellen Gründen und aufgrund ihrer Erfahrungswerte suchten immer mehr Frauen aller Klassen die Berufstätigkeit. Da die Familienarbeit weiterhin traditionell und rechtlich Frauen vorbehalten war, gerieten sie erneut in die Doppelbelastung von Haushalt/Familie und Beruf.

Den höchsten Anteil an Armen stellten weiterhin die Sozialrentnerinnen und erneut alleinerziehende Mütter. (1950 – 900.000 Alleinerziehende mit Kindern unter 15)

7. Wirtschaftswunder

Diese Zeit war von einem starken wirtschaftlichen Aufschwung geprägt und die Arbeitslosenquote lag 1962 bei 0,7%. Da Arbeitskräftemangel herrschte, stieg auch Frauenerwerbstätigkeit, besonders verheiratete Frauen ergriffen immer öfter eine Berufstätigkeit. Da Frauen dringend gebraucht wurden erhielten sie mehr Rechte und ihre Lebens- und Arbeitsbedingungen verbesserten sich:

- 1952 wurde ein neues Mutterschutzgesetz mit Kündigungsschutz und bezahltem Urlaub für 12 Wochen eingeführt.
- 1961 wurde Kindergeld ab dem 2. Kind gezahlt.
- 1955 wurden Frauenlohngruppen als verfassungswidrig erklärt und abgeschafft, aber gleichzeitig Leichtlohngruppen eingeführt, die besonders weibliche Berufssparten betrafen und unter die hauptsächlich Frauen fielen, die dem Familieneinkommen nur zuarbeiteten. Schlussendlich hatte lediglich ein Begriffswechsel stattgefunden.
- Die Rentenreform schuf eine dynamische Alterssicherung, mit Orientierung an der Entwicklung des Einkommens, Rentenerhöhung für Witwen (Doppelrente) und auch Arbeiterwitwen erhielten nun eine Rente, auch wenn sie nicht invalide waren. Dieses Vorrecht war bis dahin nur Angestelltenwitwen vorbehalten. Die Doppelrente war nur für Witwen mit eigenem Rentenanspruch von Vorteil. Frauen, die selbst nie berufstätig gewesen waren, profitierten davon nicht.
- Männer verloren die Entscheidungsgewalt in Eheangelegenheiten.
- In der elterlichen Sorge mussten Männer Rücksicht auf die Meinung ihrer Ehefrauen nehmen. (Entscheidungsgewalt blieb bis 1980 beim Mann)
- Recht des Ehemanns, die Arbeitsstelle der Ehefrau zu kündigen, entfiel. Frauen durften arbeiten, wenn sie ihre Pflichten in Ehe und Familie nicht vernachlässigten.

Die meisten Vorteile und Verbesserungen waren familienunterstützend, aber nicht speziell auf Frauen ausgerichtet. Kinderfreibeträge wurden erhöht, familiengerechter Wohnungsbau wurde gefördert und es wurden steuerliche Vorteile für Verheiratete (Ehegattensplitting-bezogen auf Partner, nicht auf Anzahl der Kinder) geschaffen.

Die 818.000 Alleinerziehenden, die 1961 in Deutschland lebten, konnten vom Ehegattensplitting und anderen Steuervorteilen nicht profitieren, sondern wurden genauso hoch wie ledige Personen besteuert

---

Auch in dieser Zeit betraf Armut hauptsächlich alleinerziehende und alte Frauen.

8. Ab 1970

Da Anfang der 70er weiterhin ein Bedarf an weiblichen Arbeitskräften bestand, gleichzeitig durch Geburtenrückgang die Bedeutung von Kindern stieg, wurden Frauen vermehrt in ihrer Doppelrolle bzw. Doppelbelastung Familie und Arbeit gestützt. In diesem Zusammenhang wurde ein Dreiphasenmodell entwickelt:

- Unterstützung von Frauenarbeit vor Familiengründung
- Sicherung der Familiengründung und Erziehungszeit durch Arbeitsplatzsicherung
- Rückkehr an den Arbeitsplatz

8.1.Verbesserungen

Gleichzeitig wurden mehr Bildungs- und Ausbildungsmöglichkeiten für Mädchen geschaffen(vgl. Diezinger/Mayr-Kleffel, S.156), sowie Teilzeitarbeit für Frauen gefördert. In diesem Zusammenhang wurden, um die Betreuung von Kindern zu sichern, zusätzlich mehr öffentliche Erziehungsstätten gebaut.

Eine positive Veränderung, die konkret Frauen zugute kam, war 1972 die Möglichkeit zur freiwilligen Selbstzahlung in die Rentenversicherung (Hausfrauen).

1970 wurde die rechtliche Situation unehelicher Kinder deutlich verbessert. Sie erhielten Unterhaltsanspruch und Erbrecht. Von dieser Veränderung profitierten natürlich gleichzeitig die ledigen Mütter.

Mehr Gleichberechtigung entstand 1977 durch die Ehe- und Familienrechtsreform :

- Ehepartner müssen ihre Angelegenheiten einvernehmlich regeln.
- Beide Partner müssen ihre Berufstätigkeit auf die Belange der Familie abstimmen.
- Das Schuldprinzip in Scheidungsfällen wird abgeschafft, damit wird der Unterhalt für Ehepartner, die sich nicht selbst versorgen können, gesichert. (Hausfrauen)

8.2.Benachteiligungen

Trotz dieser Verbesserungen wurden Frauen weiterhin benachteiligt:

- Teilzeitarbeit war anfangs nur Frauen möglich (Gesetze zur Teilzeitarbeit für Richterinnen und Beamtinnen),weshalb der Anteil von Frauen in Teilzeitarbeit bis 1970 um 71% stieg. (Jurczyk, Karin, 1978, S.115) Das wirkte sich wiederum auf Löhne und spätere Rentenzahlungen aus.
- Bei Wirtschaftsrückgang wurden vor allen anderen Arbeitnehmern zuerst weibliche Teilzeitkräfte entlassen.

- 1975 wurden Berufsfördermaßnahmen für Frauen, die nach 6 jähriger Familientätigkeit gewährt wurden, nur noch bei ökonomischen Schwierigkeiten bewilligt.(z.b. Verlust des Ernährers)

Der Anteil der alten Frauen begann zu sinken, den höchsten Anteil an armen Frauen waren alleinstehende Mütter.

9. Fazit

Gründe für weibliche Armut beruhen heute auf ähnlichen Gründen, wie vor 100 Jahren Der Geschlechtervertrag, der heute auf einer modernisierten Versorgerehe beruht (1,5 Erwerbstätige je Elternpaar) besteht in ungebrochener Wirksamkeit. „Nicht nur die soziale Sicherung von Ehefrauen und Müttern, sondern auch der Zugang zum Arbeitsmarkt ist über weite Strecken von der Einbindung in eine Ehe und den alltäglichen Rückhalt dort, z.b. bei der Überbrückung von Zeitlücken der institutionellen Kinderbetreuung abhängig. Diese Form der Geschlechter-Trennung ist nicht nur in den sozialen Sicherungssystemen, dem Steuersystem und den Handlungsregeln der Institutionen verankert, sondern auch in den mentalen, kulturell überlieferten Werten und Einstellungen..." (zit. Internet 2) Weiterhin entsteht Frauenarmut durch mangelnde Ausbildung und durch Niedriglöhne bei Teilzeitarbeit und Minijobs. Elternschaft kann ebenfalls Armut erzeugen, weshalb viele Frauen sich gegen Kinder entscheiden und die Geburtenrate sinkt. Migrantinnen, die stärker in patriarchalischen Strukturen eingebunden sind, erscheinen vermehrt in Armutsstatistiken. Die Wirtschaft nutzt Frauen weiterhin als „Reservearmee" aus und setzt sie die flexibel und beliebig für ihre Belange ein.

Aus dem Armutsbericht der BRD:
- Frauen haben einen durchschnittlich 30% geringeren Verdienst als Männer
- 90% aller Teilzeitkräfte und geringfügig Beschäftigten, sowie 70% aller sozialversicherungsfrei Beschäftigten sind Frauen
- Altersrenten v. Frauen sind mindestens 50% niedriger als von Männern.(Internet 3)

Auch heute wird Armut in Verbindung mit Weiblichkeit immer noch nicht zur Kenntnis genommen, was, wie vor mehr als 100 Jahren, am Fehlen geschlechtsspezifischer Statistiken deutlich wird.

Armut wird bis heute von der Gesellschaft häufig als individuelles Schicksal und als Ergebnis sozialen Fehlverhaltens interpretiert. Dabei wäre es wichtig, Frauenarmut als einen Prozess zu betrachten, der von Arbeitslosigkeit, dem existierenden Geschlechterverhältnis, dem sozialen Sicherungssystem und der Veränderung von Lebensformen geprägt ist.

Frauenarmut spielt sich in einer eher unsichtbaren gesellschaftlichen Wirklichkeit ab.

10.Literatur:

Busch, Evelyn: Die Armut ist weiblich, Diplomarbeit, Hannover, 1991
Bönisch, Lothar/Funk, Heide: Soziale Arbeit und Geschlecht, Weinheim, 2002
Diezinger/Mayr-Kleffel: Soziale Ungleichheit, Freiburg, 1999
Eifert, Christiane: Frauenpolitik und Wohlfahrtspflege, Frankfurt/Main,1993
Enders- Dragasser u.a.: Handbuch für die ambulante Wohnungshilfe für Frauen, Frauen ohne Wohnung, Stuttgart, Berlin, Köln, 2000
Henschel, Angelika: Obdachlosigkeit und Wohnungsnot unter weiblichem Blickwinkel. Bad Segeberg, 1992
Jurczyk, Karin: Frauenarbeit und Frauenrolle, Frankfurt a.M., 1978
Köppen, Ruth: Die Armut ist weiblich, Berlin, 1985
Lampert/Althammer: Lehrbuch der Sozialpolitik, Berlin Heidelberg, 2001, S. 267
Salomon, Alice, (Hrsg. Feuchtel, Ariane): Frauenemanzipation und sozia le Verantwortung, Ausgewählte Schriften, Band 2, Neuwied, Kriftel, Berlin 2000
Tennstedt / Sachße: Geschichte der Armenfürsorge in Deutschland: vom Spätmittelalter bis zum 1. Weltkrieg, Stuttgart,1980

Sekundärliteratur:
Goebbels, Joseph: Dr. Goebbels über die Aufgaben der deutschen Frau, in Völkischer Beobachter, März 1933
Salomon, Alice: Mutterschutz und Mutterschaftsversicherung, Leipzig, 1908
Schwerin, Jeanette: Armut und Armenpflege in Die Frau, 2.Jahrgang, 1894
Schriftreihe des Bundesministeriums für Familie, Senioren, Frauen und Jugend Band 186
SPD Bezirk Westliches Westfalen, Frauengruppen: Protokoll der Bezirksfrauenkonferenz, Dortmund, 1947
Soziale Praxis, 5.Jahrgang, 1895/96, Nr.2, Sp.35
Soziale Praxis, 14. Jahrgang, 1904/05, Nr.34, Sp.895

Internet:
Internet 1: Quelle: http://www.peking-plus-zehn.de/peking/Themen/armut,did=25058.html o.O., o.D., Datum Zugriff 03.01.2006

Internet 2: Quelle: http://cgi.dji.de Deutsches Jugendinstitut, Erler, Wolfgang: Armutsprävention bei Alleinerziehenden, Nürnberg, o.D., Datum Zugriff 03.01.2006

Internet 3: Quelle: http://www.asf-altdorf.de/armutsbericht.htm AsF: Warum Armut weiblich ist, Altdorf, o.D., Datum Zugriff 03.01.2006

Internet 4: Quelle: http://www.library.fes.de/fulltext/asfo/00548001.htm Friedrich Ebert Stiftung, Barbara Stiegler: Die verborgene Armut der Frauen, o.O., Oktober 1999, Datum Zugriff 03.01.2006

Internet 5: Quelle: http://www.profamilia.ch/d/familiengruendung.htm - 97k - Zugriff 06.01.2006

Internet 6: Quelle.http://www.sozialplenum.de/eigene%20paper/frauniedr.html Zugriff 06.01.2006

11.Anhang

Durchschnittliche Rentenhöhe 1966 bis 1999 in DM/Monat (a) in der RVA und RVAng (b)

Rentenart	1966	1975	1980	1985	1990	1999(c)	1999(d)
MÄNNER Renten w. Berufsunfähigkeit	201 DM	464 DM	596 DM	683 DM	872 DM	1241 DM	1039 DM
FRAUEN Renten w. Berufsunfähigkeit	84 DM	178 DM	232 DM	408 DM	562 DM	832 DM	953 DM
Differenz	117 DM	286 DM	364 DM	275 DM	310 DM	409 DM	86 DM
MÄNNER Renten Erwerbsunfähigkeit	275 DM	663 DM	874 DM	1025 DM	1309 DM	1649 DM	1478 DM
FRAUEN Renten Erwerbsunfähigkeit	121 DM	225 DM	302 DM	399 DM	548 DM	1186 DM	1230 DM
Differenz	154 DM	438 DM	572 DM	626 DM	761 DM	463 DM	248 DM
MÄNNER Regelaltersrente	376 DM	932 DM	1183 DM	1309 DM	1356 DM	1652 DM	2122 DM
FRAUEN Regelaltersrente	163 DM	359 DM	431 DM	476 DM	499 DM	698 DM	1352 DM
Differenz	213 DM	573 DM	752 DM	833 DM	857 DM	954 DM	770 DM

MÄNNER Renten w. Alters (langjährig Vers.)	-	**1112 DM**	**1455 DM**	**1764 DM**	**2055 DM**	**2222 DM**	**2108 DM**
FRAUEN Renten w. Alters (langjährig Vers.)	-	**641 DM**	**840 DM**	**1018 DM**	**1170 DM**	**1011 DM**	**1122 DM**
Differenz		471 DM	615 DM	746 DM	885 DM	1211 DM	986 DM
MÄNNER Witwerrente	**166 DM**	**361 DM**	**458 DM**	**548 DM**	**304 DM**	**379 DM**	**423 DM**
FRAUEN Witwenrente	**189 DM**	**490 DM**	**654 DM**	**788 DM**	**917 DM**	**1046 DM**	**1015 DM**
Differenz	23 DM	129 DM	196 DM	240 DM	613 DM	667 DM	592 DM
Waisenrenten	**82 DM**	**201 DM**	**241 DM**	**256 DM**	**273 DM**	**310 DM**	**331 DM**

(a) auf volle DM auf- bzw. abgerundet. (b) Ab 1980 einschließl. Handwerkerversicherung. (c) Alte Bundesländer. (d) Neue Bundesländer.

Vgl.: Rentenversicherungsbericht 1996, BTDrs. 13/5370, S.114 ff.; Verband der Rentenversicherungsträger, Rentenversicherung in Zahlen 2000, in Lampert/Althammer: Lehrbuch der Sozialpolitik, Berlin Heidelberg, 2001, S. 267